AF307498

Rainer Stablo

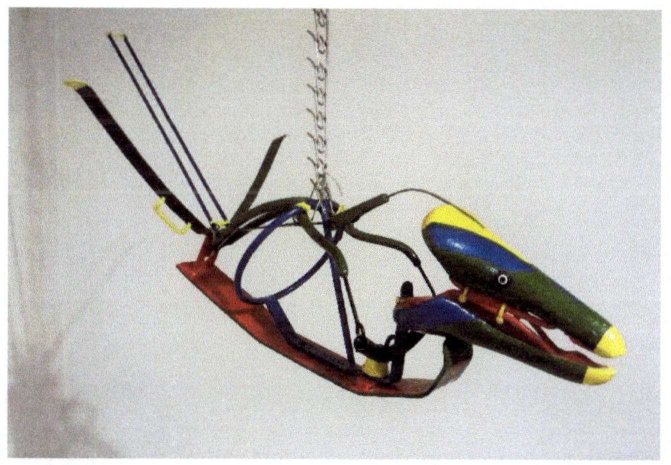

Ein roter Faden zieht sich durch

Objekte – Kunst und Politik

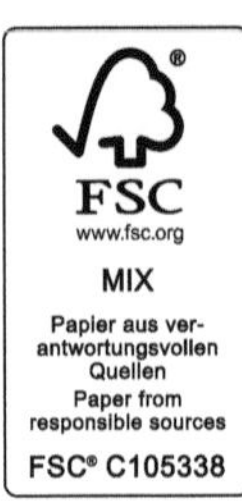

Bibliographische Information der Deutschen Nationalbibliothek:
Die Deutsche Nationalbibliothek verzeichnet diese Publikation in der
Deutschen Nationalbibliografie, detaillierte bibliografische Daten sind im
Internet über http://dnb.dnb.de abrufbar.

© 2017 Rainer Stablo
Herstellung und Verlag
BoD – Books on Demand, Norderstedt

ISBN 978-3-74601-783-9

SoldatInnen

Soldaten können auch Mörder sein
Soldaten können auch Totschläger sein
Soldaten können auch Schläger sein
Soldaten können auch Vergewaltiger sein
Soldaten können auch Menschenquäler sein
Soldaten können auch Kinderschänder sein
Soldaten können auch Terroristen sein

Soldaten können auch Kämpfer für die Freiheit sein
Soldaten können auch Kämpfer für die Unabhängigkeit sein
Soldaten können auch Kämpfer für die Solidarität sein
Soldaten können auch Kämpfer für die Gerechtigkeit sein
Soldaten können auch Kämpfer für die Unterdrückten sein
Soldaten können auch Kämpfer für die Menschenwürde sein
Soldaten können auch Kämpfer für die Selbstbestimmung sein

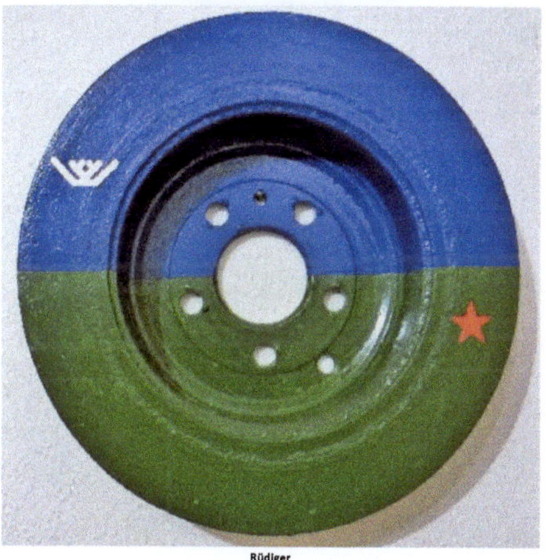

Rüdiger

Soldaten können menschlich sein
Soldaten können den Befehl verweigern
Soldaten können desertieren
Soldaten können ehrlich sein
Soldaten können selbstlos sein
Soldaten können Gutes tun
Soldaten können brüderlich sein

Soldaten sind verantwortlich für ihr Tun

Soldaten können unmenschlich-menschlich sein
Soldaten können bestialisch-menschlich sein
Soldaten können blind gehorsam sein
Soldaten können nützliche Idioten sein
Soldaten können Nationalisten sein
Soldaten können Faschisten sein

Soldaten sind verantwortlich für ihr Tun

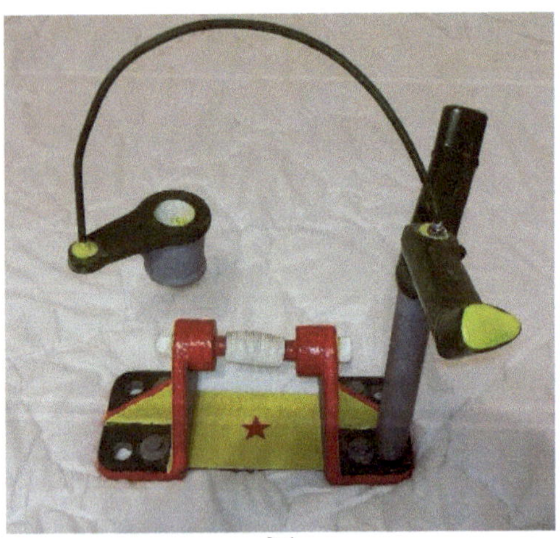

Bruni

Soldaten können Sozialisten sein
Soldaten können Kommunisten sein
Soldaten können Anarchisten sein
Soldaten können Demokraten sein
Soldaten können Syndikalisten sein
Soldaten können Internationalisten sein
Soldaten können Anti-Imperialisten sein
Soldatinnen können Feministinnen sein
Soldaten können verzweifelte Pazifisten sein

Soldatinnen und Soldaten sind verantwortlich für ihr Tun

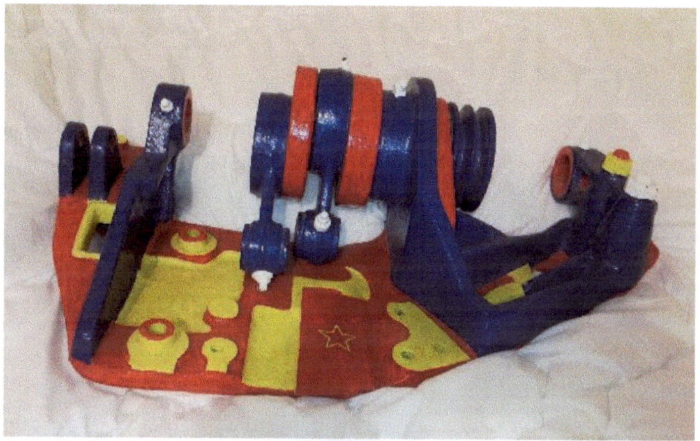

Charlotte

Heinrich Heine

Ferdinand von Schill - Lieber ein Ende mit Schrecken als ein Schrecken ohne Ende.

Aus der Ohnmacht eine Waffe (der Kritik) machen!

Ohnmacht
ohne Ohn
macht
Macht

Waffe
(der Kritik)
bereitet
Zukunft
vor

Ohne Macht
keine Zukunft

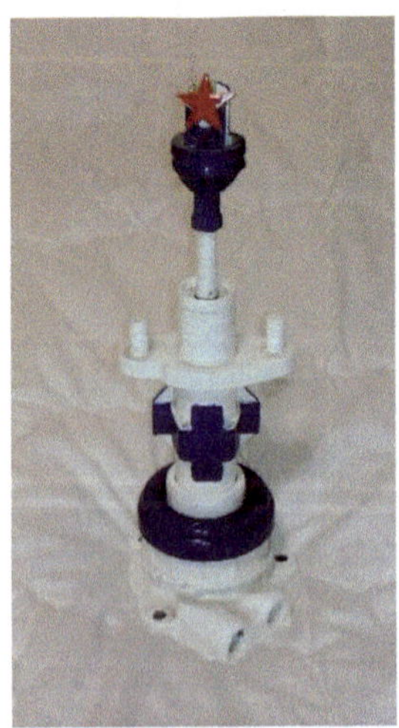

Kirsti

Vom Wissen zum Handeln ist der größte Schritt!

Ton Steine Scherben - Wer das Geld hat, hat die Macht und wer die Macht hat, hat das Recht.

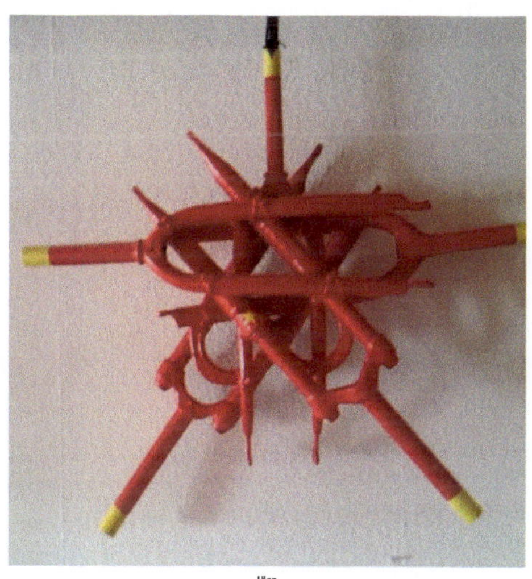

Jörg

Es ist alles schon 1000 Mal gesagt!

Simón Bolívar

N.G.Tschernyschewski - Was tun? (Aufbau-Verlag Berlin 1979, S. 150, "Wer Geld hat, der hat die Macht und das Recht")

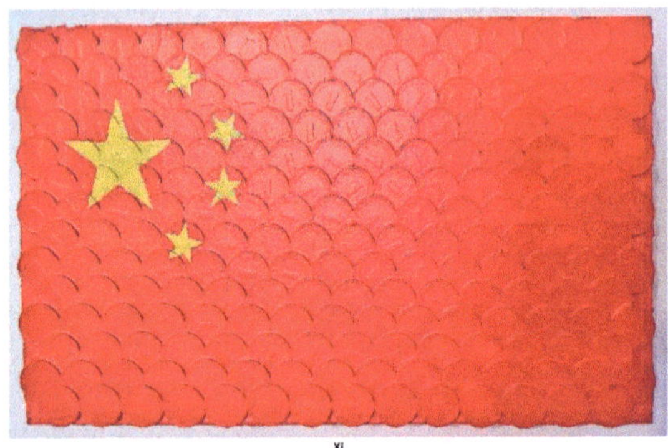

XI

Ernst Bloch - Das Auge des Gesetzes sitzt im Gesicht der herrschenden Klasse.

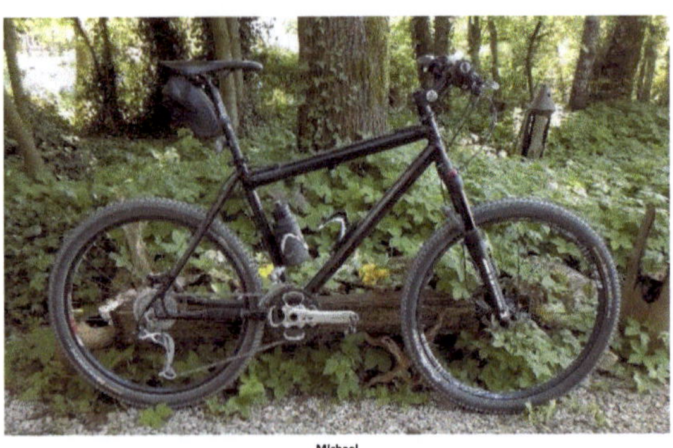

Michael

Erich Kästner - Es gibt nichts Gutes, außer: Man tut es. (Kurz und bündig, Moral, 1950)

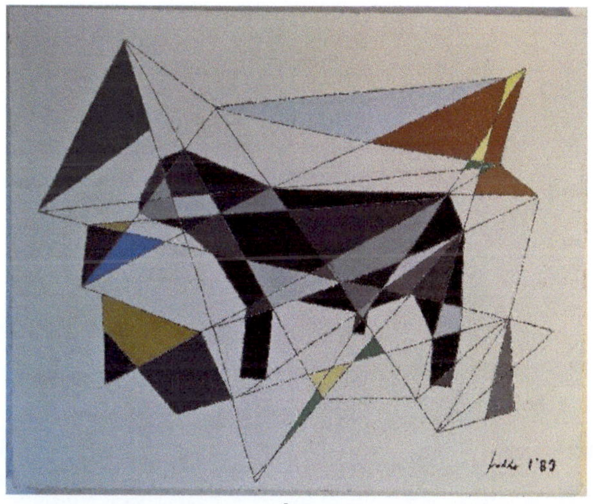

Paavo

Generalstreik gegen Krieg!

Fidel Castro Ruz

Handeln statt Debattieren!

ICH I

ICH habe zwar nICHts zu sagen,
das aber tue ICH mit Nachdruck.

Heraus aus der (Selbst-)Isolation
Sozialistische Hochschulinitiative Darmstadt – SHI

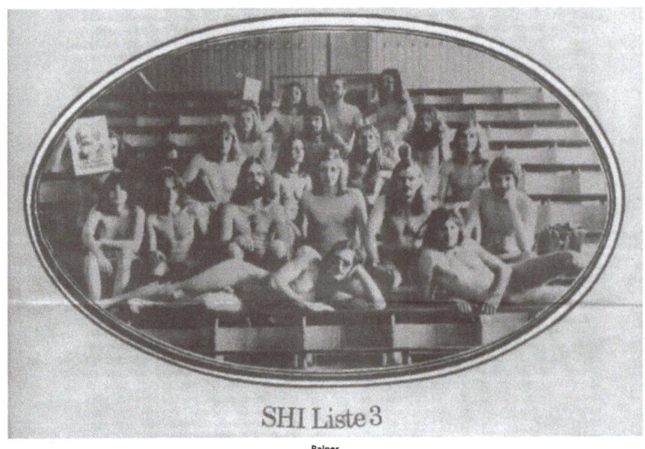

Rainer

Victor Hugo - Die Utopien von heute sind die Realitä-
ten von morgen.

Marlen Marchedel-Hocha

Ernesto Che Guevara

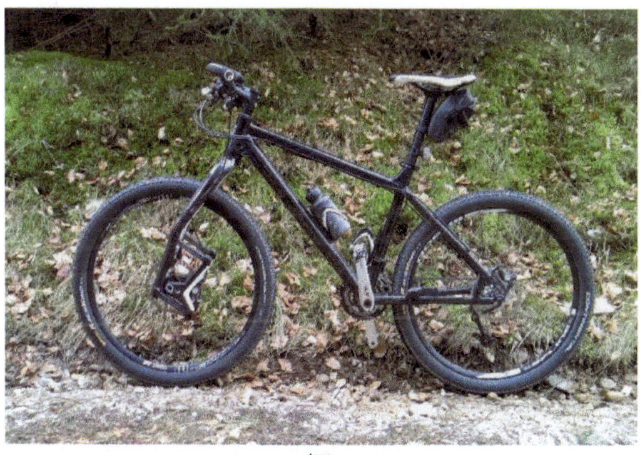

Lena

Leistung lohnt sich!

Schxxx verdient 75 Millionen
Ich 0,05 Millionen
Du 0,025 Millionen
Er, Sie, Es, Wir, Ihr, Sie.

Schxxxs Arbeit ist 1500 mal mehr Wert als meine
und 3000 mal mehr Wert als Deine,
Seine, Ihre, Unsere, Eure, Ihre.

Leistungsgesellschaft!

Schxxx leistet 1500 mal mehr als ich
und 3000 mal mehr als Du,
Er, Sie, Es, Wir, Ihr, Sie.

Ich bin selber Schuld!
Du bist selber Schuld!
Er, Sie, Wir, Ihr, Sie!

Schxxx ist Schuld?

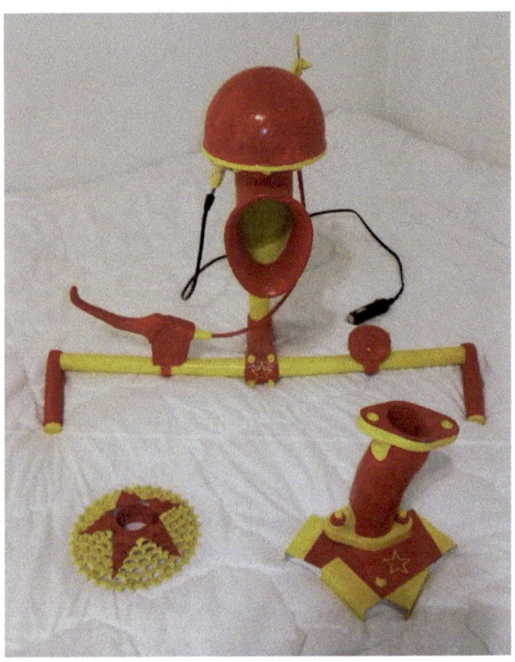

Hugo Chávez I - Leider konnten wir unsere anvisierten Ziele (...) VORERST nicht erreichen.

Wir haben nichts zu verlieren
und eine Welt zu gewinnen!

Die Welt existiert
für mich
nur
indem und solange
ich bin.

Die Welt existiert
für sie
nur
indem und solange
sie ist.

Die Welt existiert
für Euch
nur
indem und solange
Ihr seid.

Die Welt existiert
für Dich
nur
indem und solange
Du bist.

Die Welt existiert
für es
nur
indem und solange
es ist.

Die Welt existiert
für sie
nur
indem und solange
sie sind.

Die Welt existiert
für ihn
nur
indem und solange
er ist.

Die Welt existiert
für uns
nur
indem und solange
wir sind.

Die Welt existiert
für jeden Menschen
nur
indem und solange
er ist.

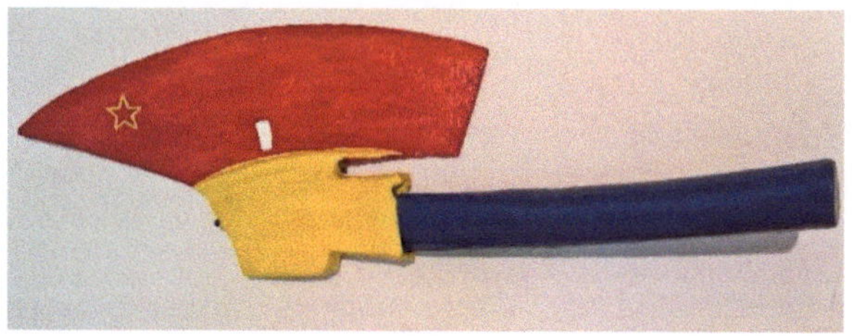

Walter

eine jugend in deutschland

pubertär, pubertär
wir sind pubertär

wir sind total normal
und absolut genial

pubertär, pubertär
wir sind pubertär

wir brauchen keine
solidarität
wir sind solitär

pubertär, pubertär
wir sind pubertär

wir sind richtige
egoisten
wir sind echt
angepasst

pubertär, pubertär
wir sind pubertär

wir haben unsere
partys
wir haben unseren
spass

pubertär, pubertär
wir sind pubertär

wir lieben stefan raab
und wir hassen
politik

pubertär, pubertär
wir sind pubertär

wir kennen keine
sorgen
uns graut nicht vor dem
morgen

pubertär, pubertär
wir sind pubertär

wir brauchen nicht zu
lesen
wir haben video, cd
und tv

pubertär, pubertär
wir sind pubertär

wir brauchen keine
Visionen
wir brauchen nur
benzin

pubertär, pubertär
wir sind pubertär

ach, wir sind so
pubertär
es tut uns
fast schon weh

pubertär, pubertär
wir sind pubertär

wir lieben unsere
compis
wir machen die nacht
zum tag

pubertär, pubertär
ach so pubertär

Politische Kunst

Politische Kunst
und
Kritik der Politik
statt
Kunst der Politik

Das wolltest Du?

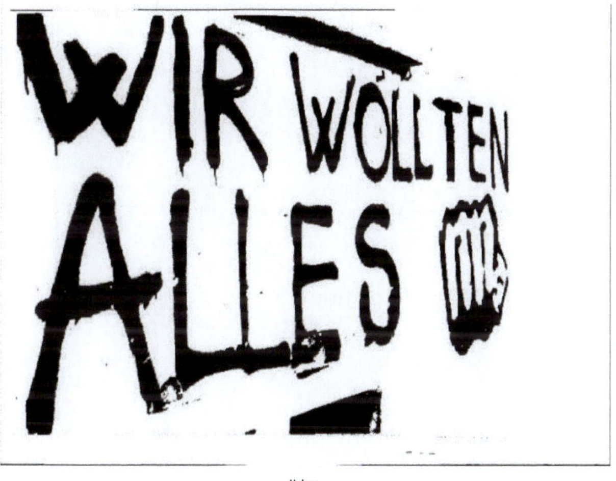

Helene

José Martí - Revolutionen ermöglichen das, was heute noch unmöglich erscheint.

ICH II

GedICHt
GesICHt
GerICHt
Geh rICHt
Geh dICHt
Geh nICHt?
Geh?
ICH?
ICH!

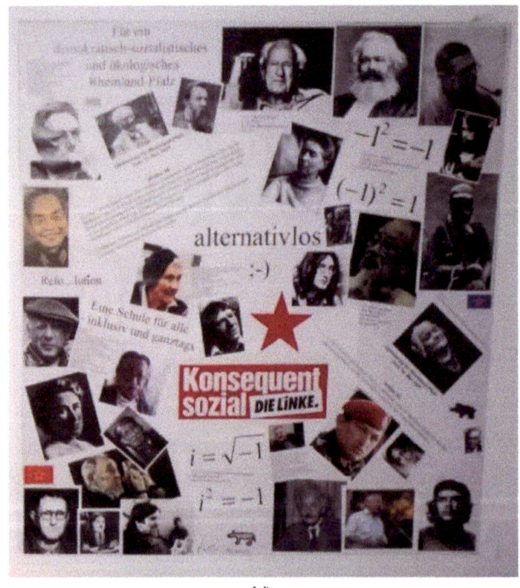

Anita

Rosa Luxemburg

ICH III

Bin ICH?
ICH bin.
ICH bin ICH!

ICH IV

Die Welt existiert nur indem und solange ICH bin
Die Welt existiert für mICH nur indem und solange ICH bin

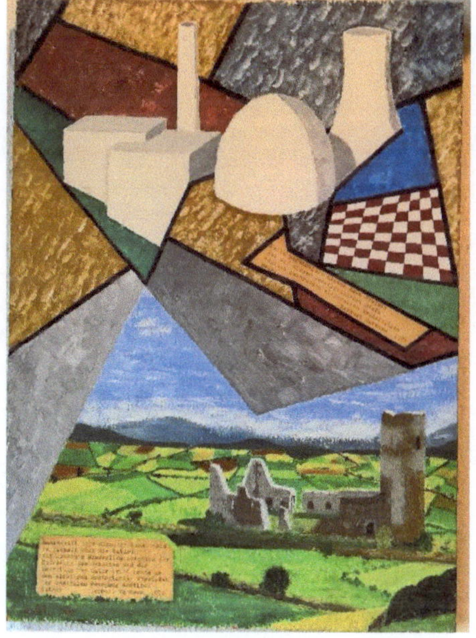

Herbert

ICH V

Sozialismus = Kommunismus = Sozialismus
Sozialismus = Utopie − NICHt ErreICHbares
Utopie = Sozialismus + NICHt ErreICHbares
NICHt ErreICHbares = Utopie − Sozialismus
Das NICHt ErreICHbare ist keine Konstante
Das NICHt ErreICHbare ist eine Variable, ein Prozess
Das NICHt ErreICHbare so klein machen wie irgend möglICH
das ist die eigentlICHe Aufgabe
Utopie ist keine Konstante
Utopie ist eine Variable, ein Prozess
Utopie ist hinter der erreICHbaren Ferne, wenn die ersten Schritte
gegangen sind
Utopie ist in nICHt erreICHbarer Nähe, wenn die Schritte in der Ferne ge-
gangen werden!

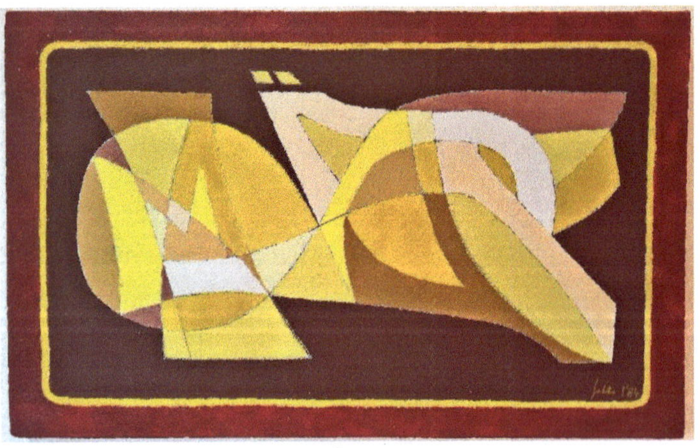

Järmo

Deutschland 2001

Es gibt keine Klassen mehr, es gibt nur noch Deutsche!
Treffen drei Deutsche zusammen.
Sagt der erste: Ich bin stolz ein Deutscher zu sein.
Sagt der zweite: Ich bin stolz auf Dich.
Sagt der dritte: Ich bin stolz auf Dich Dich.

ICH VI

Das Leben ist eine Do While Schleife
sein Vorlauf ist die Zeugung
seine Schleifenbedingung ist die Aktivität des Gehirns
sein Nachlauf ist der Tod
ICH bin im Innern einer Do While Schleife
ICH bin im Innern meiner Do While Schleife

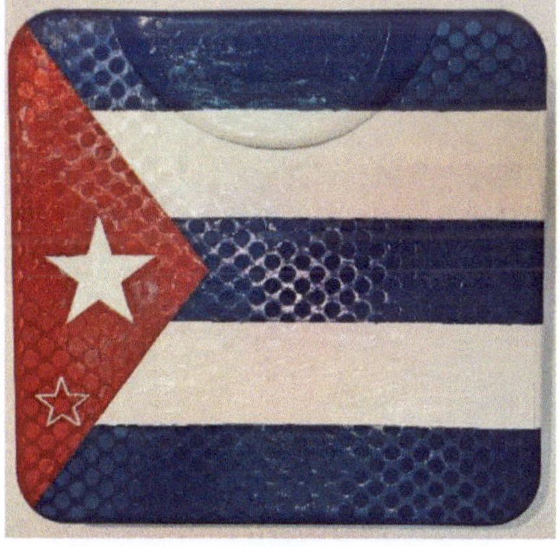

Frauke

Dialektik I

Reform und Revolution = Refolution
Revolution und Reform = Revorm

Dialektik II

Zufall und Schicksal = Zusal
Schicksal und Zufall = Schickfall

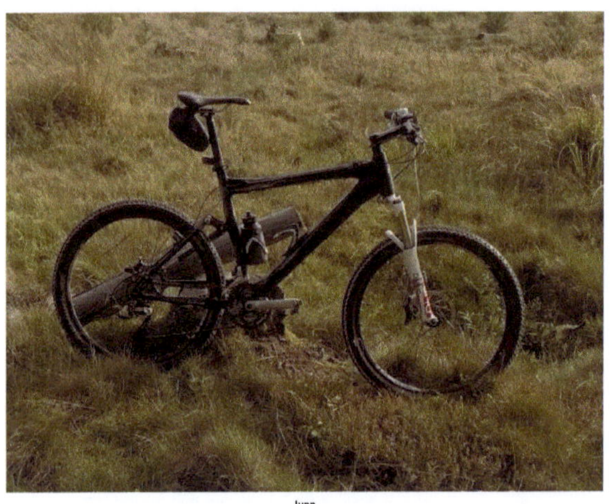

Jupp

Friedrich Engels

Hugo Chávez II - Wir sind patriotische Revolutionäre, Sozialisten, Antiimperialisten, Anhänger Bolivars.

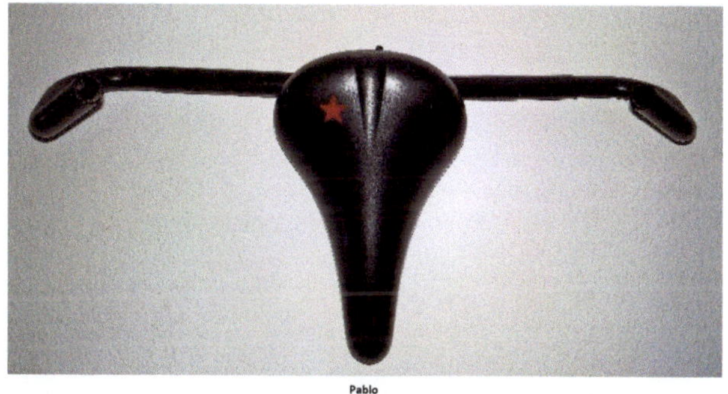

Pablo

Oscar Varsavsky - Nationale Projekte

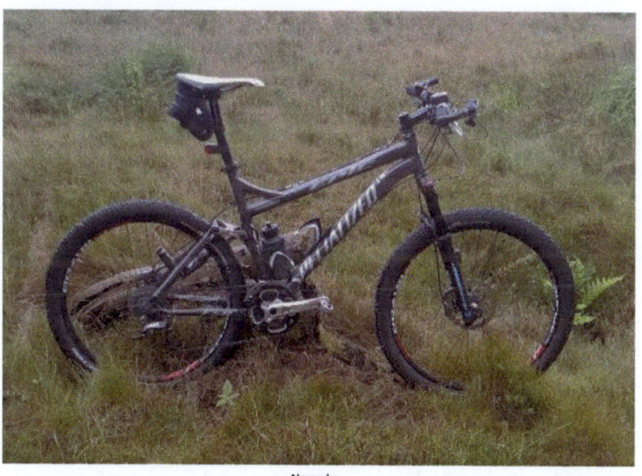

Alexander

Dialektik III

Refolution gegen das Schickfall = Revorm gegen den Zusal
Revorm gegen das Zusal = Refolution gegen den Schickfall

Der Felsbrocken, der die Insassen des VW Käfer tötet, ist ein gewaltiger Zusal.

Das Gewehrgeschoß, das die Frau im Auto am Waldrand in FrankreICH tötet, ist ein gewaltiges Schickfall.

Der Rochen, der im Sprung die Frau im Boot tötet, ist ein gewaltiges Zusal.

Und der Holzklotz, der die Mutter im Auto unter der Brücke tötet, ist ein gewaltiger Schickfall.

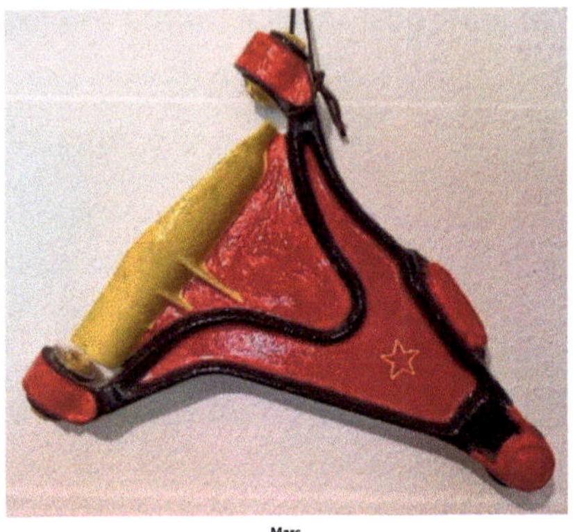

Marc

Marc Aurel - Das Geheimnis eines jeden Sieges liegt in der Organisation des Unmöglichen.

Gedanken sind frei

Gedanken sind frei
Freiheit tut Not
Notstand ist die Antwort
Gedanken sind Splitter
Splitter tun weh
Wehret den Anfängen
Gedanken sind Revolte
Revolte gegen das Jetzt
Jetzt oder nie!

ICH VII

Ist Zufall Zufall?
Mein Zufall ist wo ICH bin
Der Zufall der anderen ist auch wo ICH nICHt bin
Ist Zufall Schicksal?

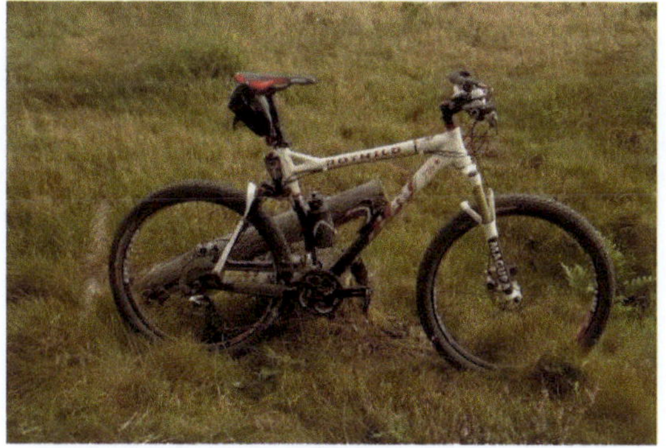

Berni

Bildung für alle

PISA SUOMI IGS

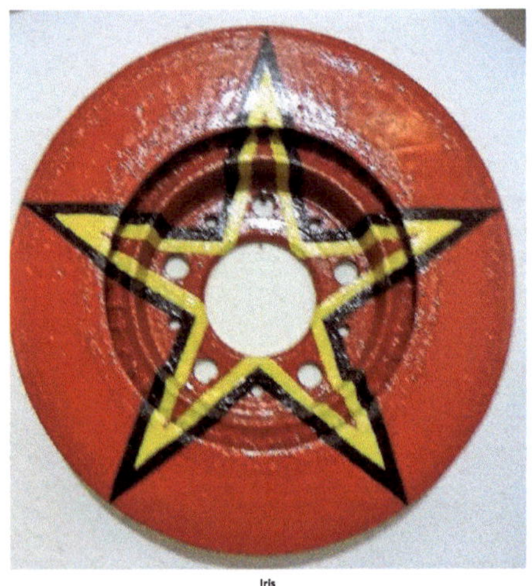

Iris

Alles oder NICHts

Alles ist NICHts ohne Glaubwürdigkeit und Uneigennützigkeit
Alles ist NICHts ohne Entschlossenheit und Selbstlosigkeit
Alles ist NICHts ohne Beharrlichkeit und Selbstvertrauen
Alles ist NICHts ohne Ehrlichkeit und Offenheit
Alles ist NICHts ohne Überzeugtheit und Kraft
Alles ist NICHts ohne Mut und Tapferkeit
Alles ist NICHts ohne Plan und Strategie

Notwendigkeiten

Demokratisch kontrollierte Führungspersönlichkeiten sind auch im
Sozialismus und auf dem Weg dorthin
notwendig

Demokratisch kontrollierte Geheimdienste sind auch im Sozialismus
und auf dem Weg dorthin notwendig

Demokratisch kontrollierte Streitkräfte sind auch im Sozialismus
und auf dem Weg dorthin notwendig

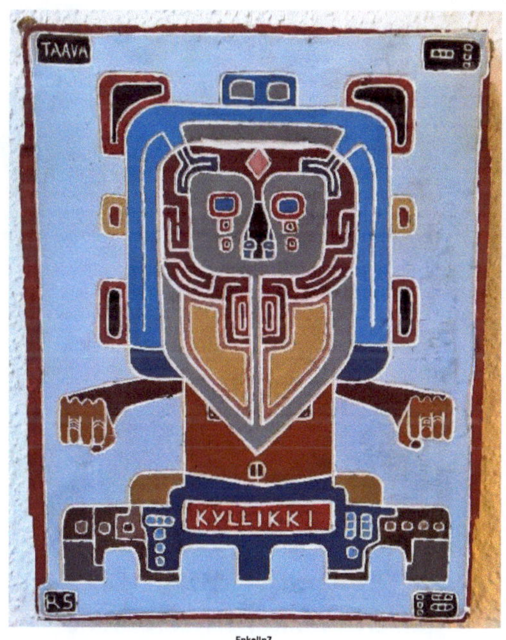

Enkelin7

ICH VIII

ICH war nICHts
ICH war nICHt
ICH war ICH
ICH bin ICH
ICH werde ICH sein
ICH werde nICHt sein
ICH werde nICHts sein
ICH werde alles gewesen sein

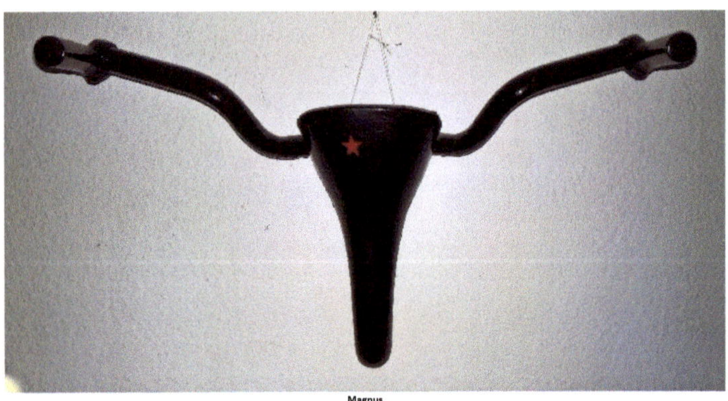

Magnus

Hugo Chávez III - Und schließlich hat unser Sozialismus auch eine militärische Komponente, den militärischen Sozialismus: Aufbau des nationalen Projektes durch Volk und Streitkräfte, Seite an Seite in einer engen zivil-militärischen Union.

DU I

Bist DU?
DU bist.
DU bist DU!

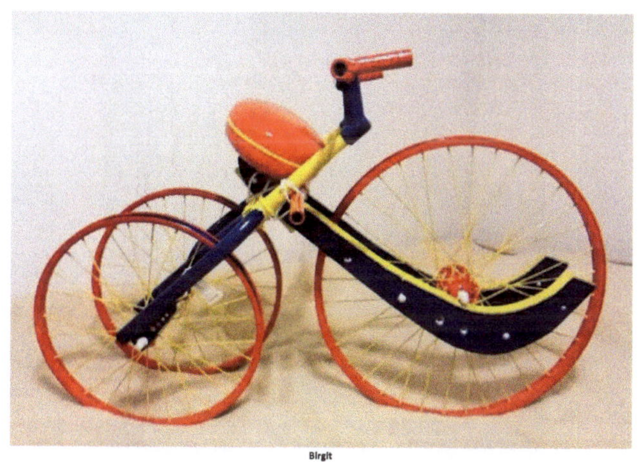

Birgit

DU II

Bist DU DU?
DU bist!
Tu!

W. I. Lenin

MBR-200 - Das blaue Buch

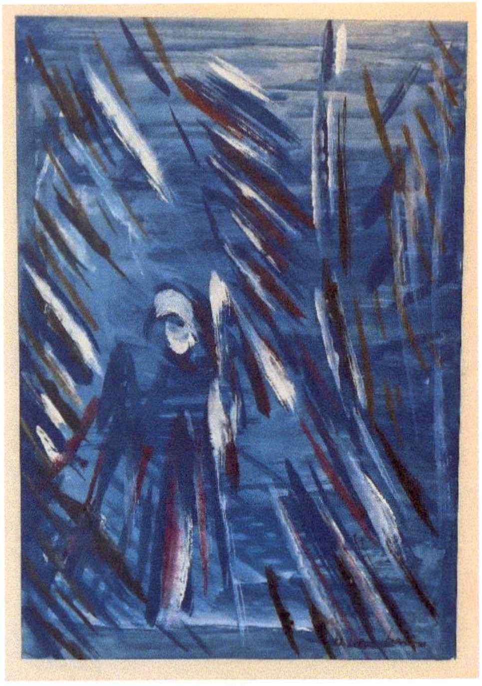

Sinicca

Hugo Chávez IV - Ich glaube, dass eine Revolution etwas sehr Praktisches sein muss, eine große dialektische Anstrengung in Theorie und Praxis.

profan - naforp I

profan
fantast
tastet

etwas
wasser
serviert

vierteilig
eiligst
stroh

rohöl
ölsand
sandrosen

rosenholz
holzwurm
wurmeier

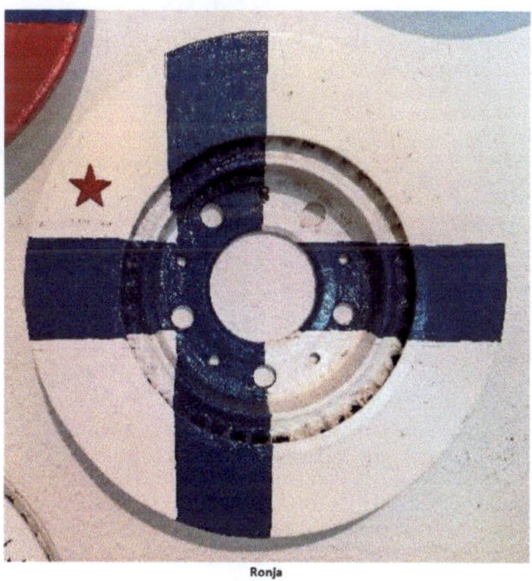

Ronja

eiert
t
trotzig

rotzige
geier
eier

erbe
bei
eiter

terpentin
innig
niger

gert
tröstend
röstende

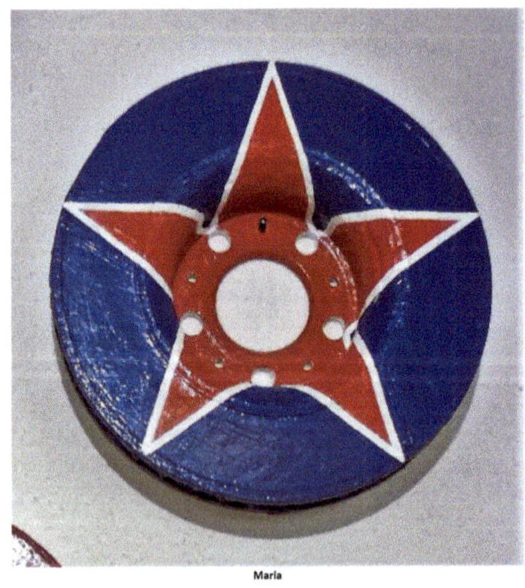

Maria

debil
bilder
dereinst

stendals
dalsland
landlos

losen
nach
achtern

ernst
stammeln
nassforsch

forschte
team
amerika

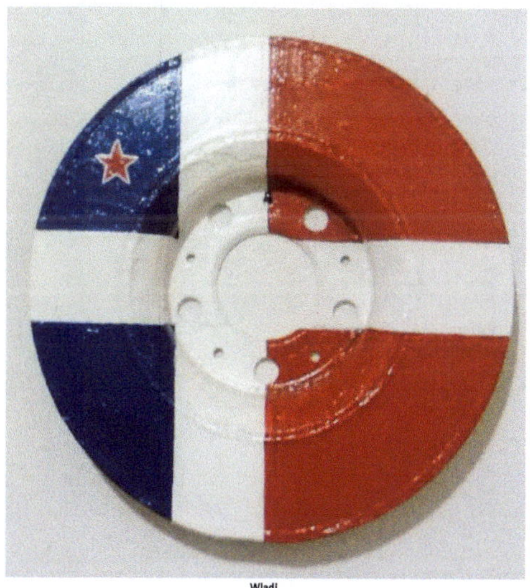

Wladi

erikas
sohn
ohne

ein
internat
nation

ioniserung
ungemütlich
licht

tinte
interna
naforp

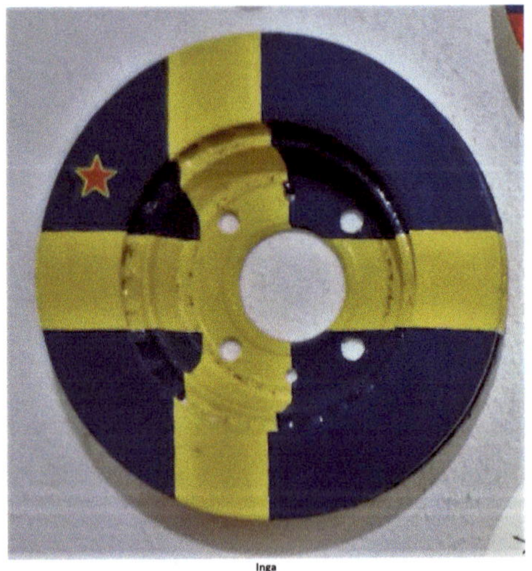

Inga

Herbert Marcuse

Friedrich von Logau, Roland Mink, Apia -
In Gefahr und höchster Not bringt der Mittelweg den Tod.

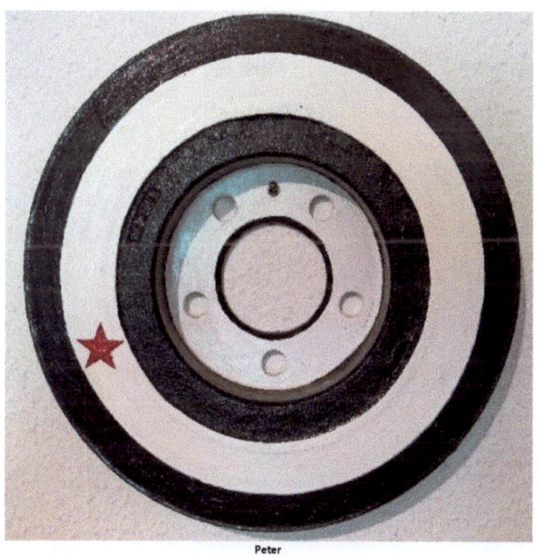

Hugo Chávez V - Es musste eine konkrete Utopie erschaffen werden.

MBR-200 - das Nationale Projekt Simón Bolívar

Jean-Paul Sartre

UN I

unselig
unfug
unrecht
unecht
unheilig
unfreundlich
unwesentlich
unerhört
untadelig
untreu
unisono
ungern
unwegsam
unartig
unsäglich
unbiegsam

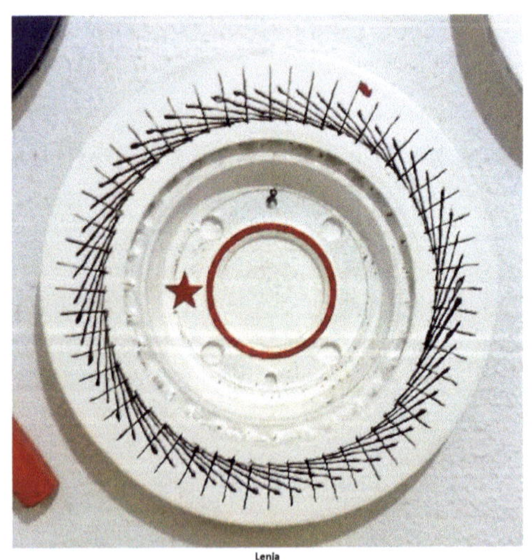

Lenja

unordentlich
unergiebig
unfreundlich
unterwegs
unbiegsam
unadäquat
unnachgiebig
unwichtig
unbefriedigend
unfrei
unerfreulich
unbeugsam
unsicher
UN-Sicherheitsrat

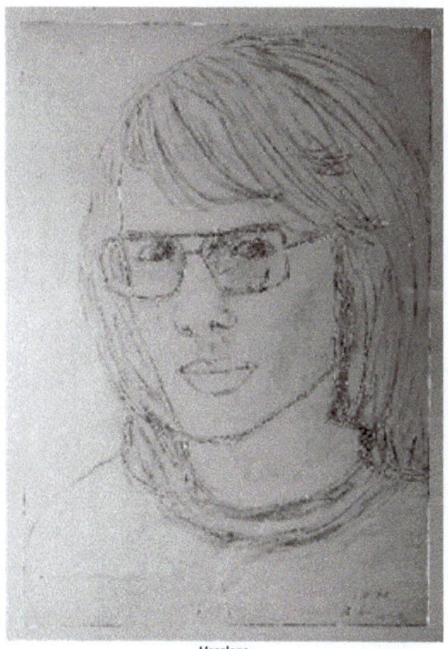
Lleselene

Vorerst - Was tun?

naforp - profan I

naforp
orpheus
eusebio

biotop
topas
asta

stablo
blockade
aderlass

lasso
ohnmacht
machtlos

losung
ungerecht
rechtsfrei

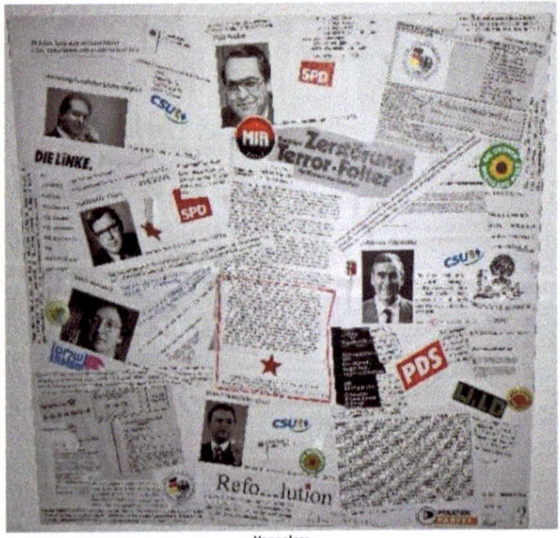

Hannelore

freiheit
heiter
erhebend

endlich
lichtscheu
scheußlich

lichterloh
lohnarbeit
arbeitsam

samtig
tiger
gerade

adele
element
entrechtet

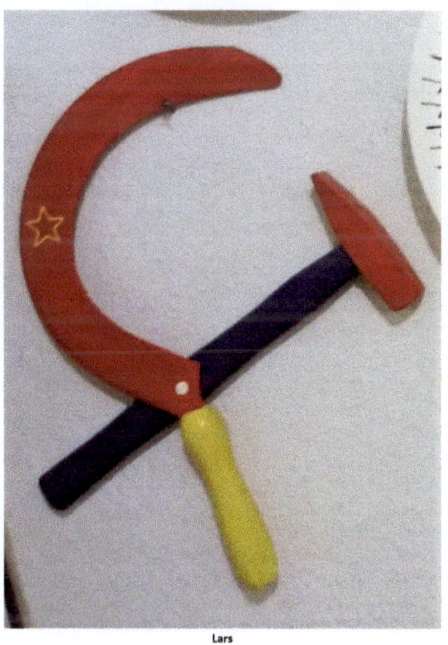

Lars

tet-offensive
venus
usa

samuel
mueller
erle

lesotho
hoelle
ellenbogen

bogenmaß
maßlos
losgelöst

österreich
reichtum
umtriebig

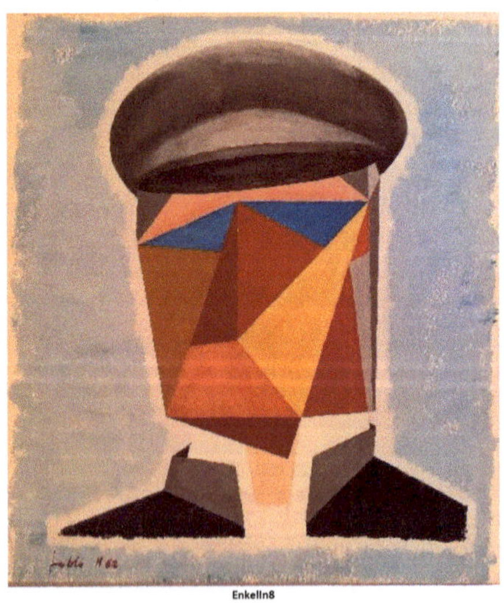

Enkelln8

igel
elegant
ganter

terrasse
assel
selten

tenor
norwegen
general

alaska
skalp
profan

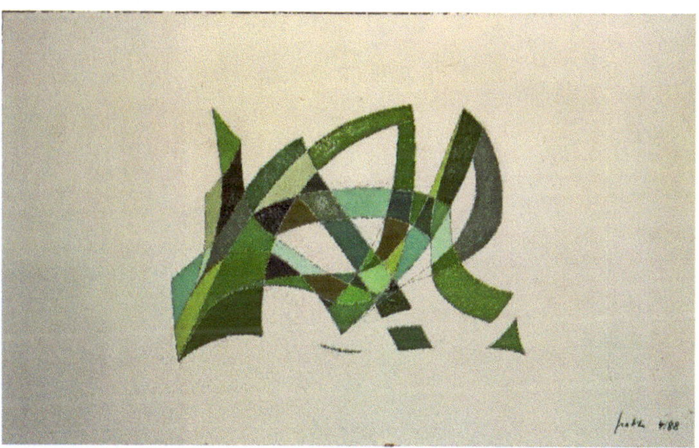

Sirkka

Karl Liebknecht

DU III

Dein Leben ist eine Do While Schleife
sein Vorlauf ist Deine Zeugung
seine Schleifenbedingung ist die Aktivität Deines Gehirns
sein Nachlauf ist Dein Tod
DU bist im Innern Deiner Do While Schleife

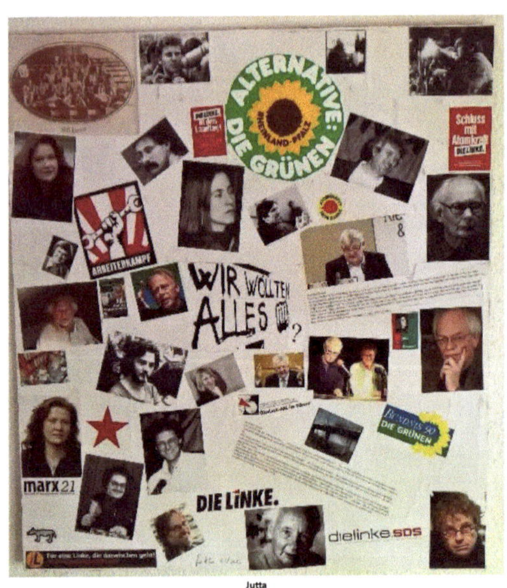

Jutta

MBR-200 - Wege, um aus dem Labyrinth zu entkommen

profan - naforp II

profantastetwasservierteiligstrohölsandrosenholzwurmeiertrotzigeierbeiterpentinnigertröstendebildereinstendalslandlosenachternstammelnassforschteamerikasohneinternationiserungemütlichtinter**naforp**

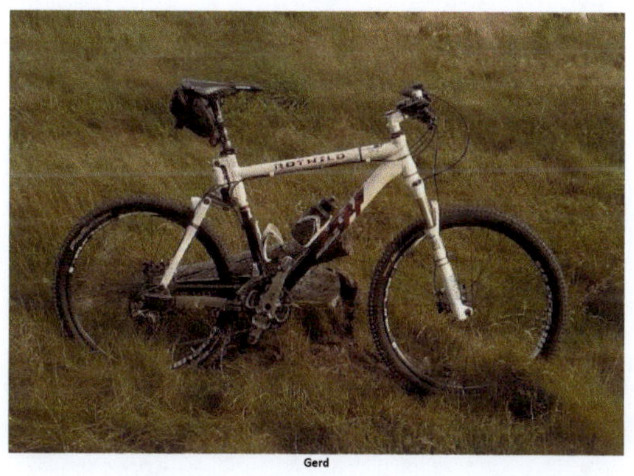
Gerd

Jorge Giordani - Planung, Ideologie und Staat. Der Fall Venezuela.

Johannes Agnoli - plurale Fassung einer Einheitspartei

Joseph Weizenbaum

Hugo Chávez VI - Unsere zivil-militärische, revolutionäre Bewegung wurde über fast zwei Jahrzehnte hinweg vorbereitet.

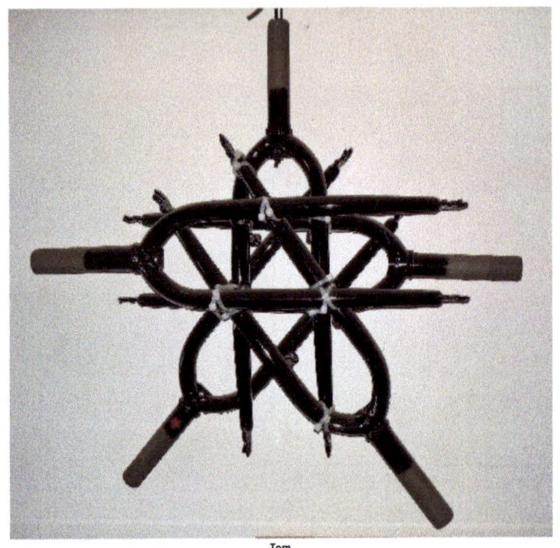

Carlos Matus - Situationsbezogene Planung

naforp - profan II

naforpheusebiotopastablockaderlassohnmachtlosungerechtsfreihei-
terhebendlichtscheußlichterlohnarbeitsamtigeradelementrechtet-
offensivenusamuellerlesothoellenbogenmaßlosgelösterreichtum-
triebigeleganterrasseltenorwegeneralaskal**profan**

Hugo Chávez VII - Wir haben das Volk dazu angeregt, das Unmögliche zu versuchen.

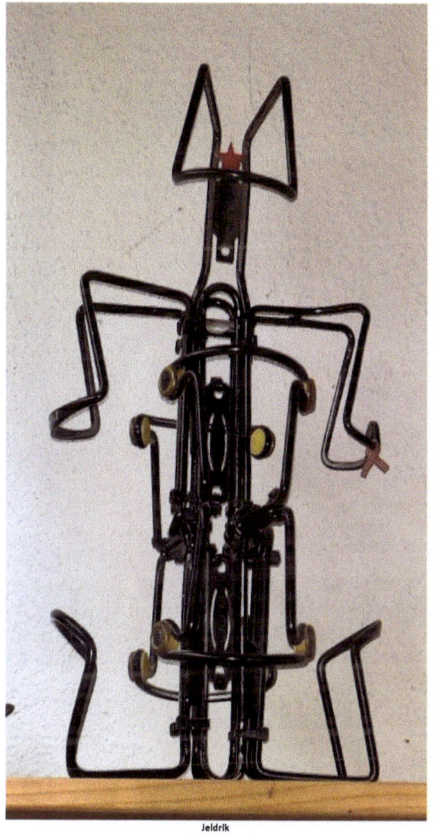

Simone de Beauvoir

Karl Marx

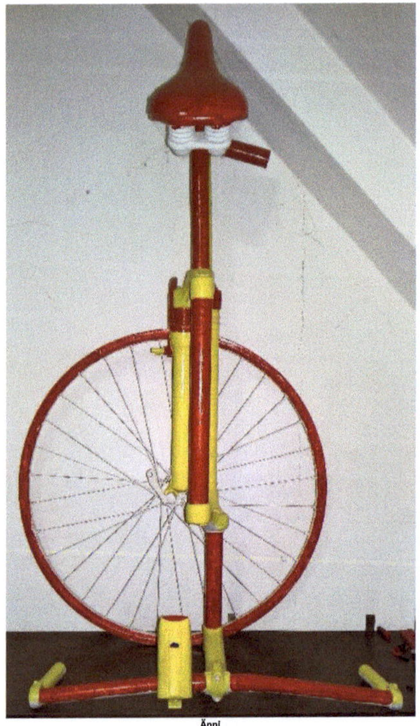

Raúl Castro

Alfred Hrdlicka

Thomas Münzer

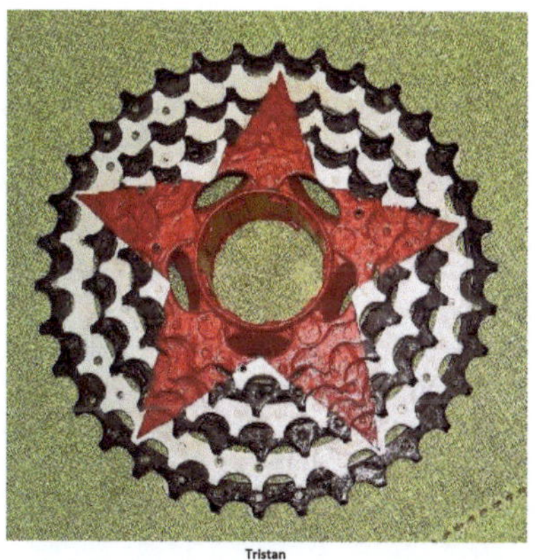

Tristan

Clara Zetkin

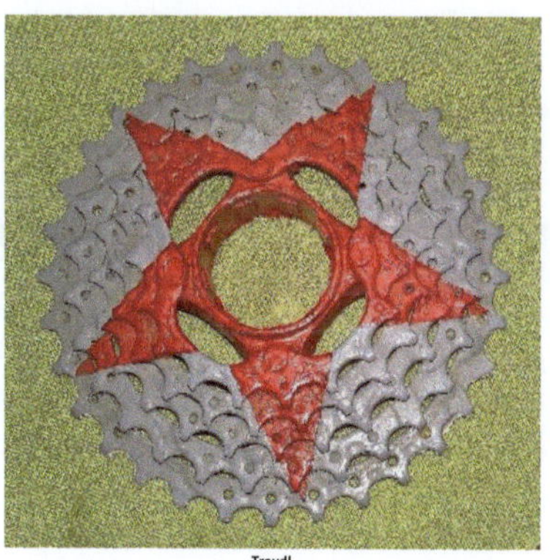

Traudl

George Tabori

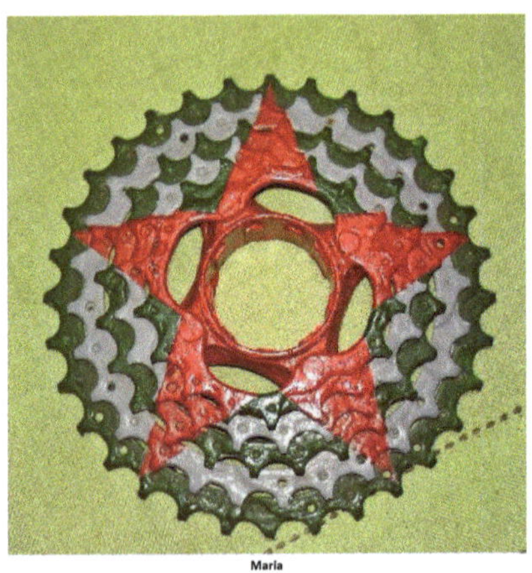

Maria

Bertolt Brecht

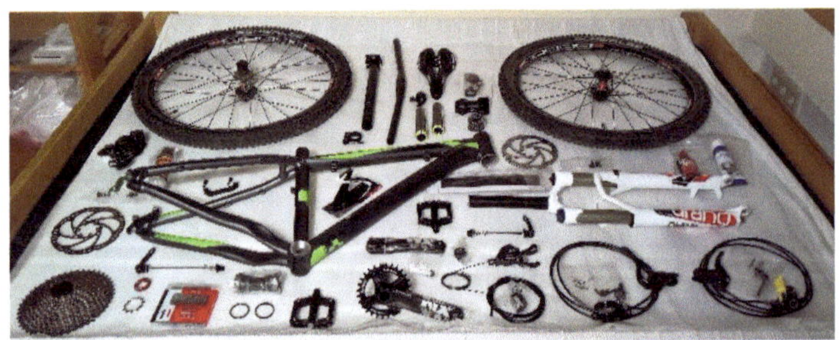

Emil

Jørgen Randers - 2052

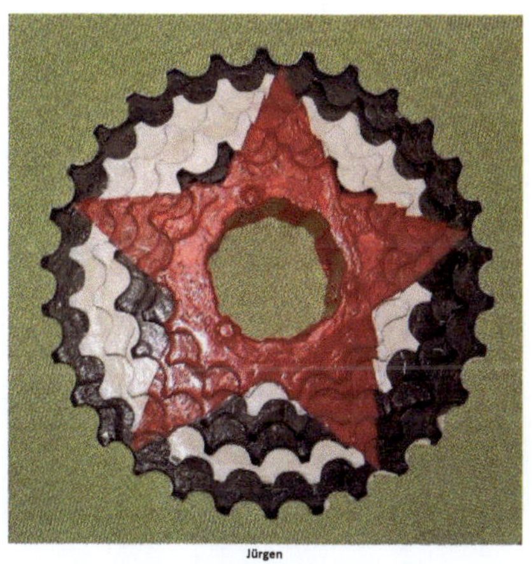

Jürgen

Albert Einstein

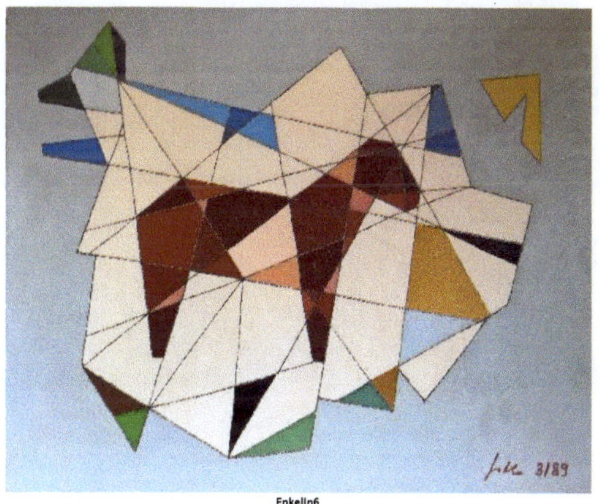

EnkelIn6

Reitz

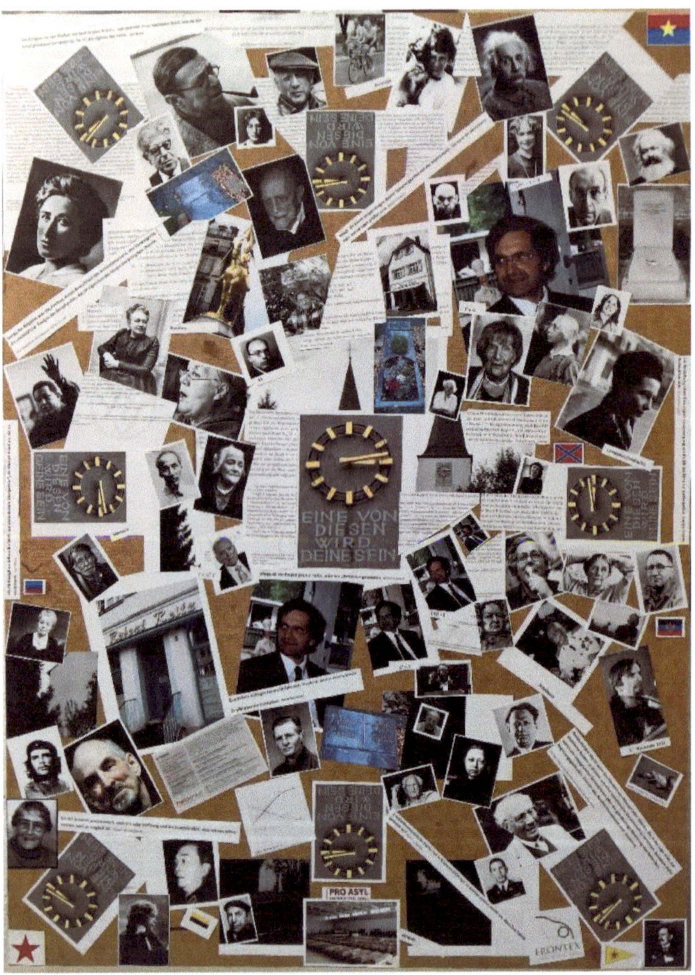

Rud

(Be-)Schluss

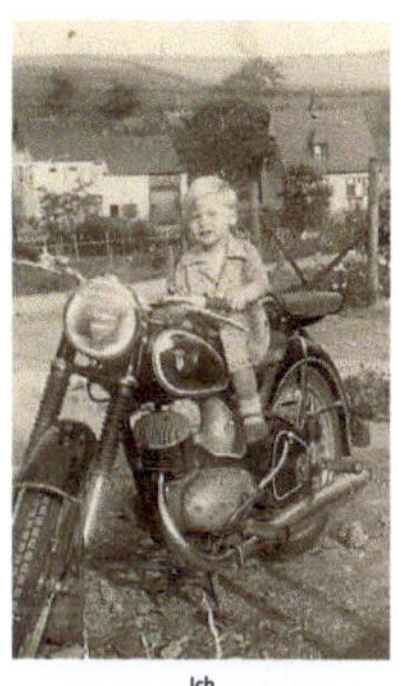

Ich

Sozialistische Radikalität - marxistisch-leninistische Theorie - Sozialistische Strategie und Planung - Sozialistische Revolution - freie und unabhängige sozialistische Republik

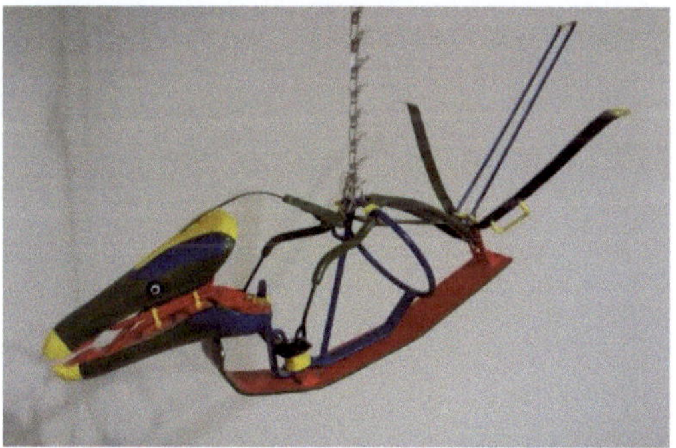

VKPiD